시선을 저 하늘 끝으로

시선을 저 하늘 끝으로

이영숙 시집

도서출판 청일

서문(序文)

시인이 글을 쓰는 것은 로망을 이루는 것입니다. 자신의 시집을 갖는 것은 시인의 소기의 목적을 달성했다는 것이지요. 아무리 감성이 살아있다고 해도 자신의 분신을 만들지 않는다면 무엇으로 어필을 할까요?

아무리 날고 긴다고 해도 글을 많이 쓴다고 해도 그것을 증명할 수 있는 것이 자신의 시집입니다. 적어도 시인이라면 일 년에 한 번은 자기 자식(시집)을 만들어야 하는 거지요.

시선을 저 하늘 끝에 머물러 봐요. 때로는 행복한 사연도 어쩌다 한 번쯤은 서글픔도 우리가 살아가는 평범한 서정 아니겠어요?

조금 잘못 한다고 해도 이해해 주세요. 실수는 발전하는 과정이니까요. 야단치기보다는 다독다독 서로에게 힘을 주는 정이 필요합니다.

시가 조금 설어도 시인의 마음을 헤아려주시고 용기를 갖도록 힘을 주세요. 어설픈 사연이라도 마음 주고 함께 한다면 앞으로는 더 큰 그릇에 시를 담을 수 있겠지요.

두 번째 시집을 만들기 위해서는 좀 더 뜨거운 정으로 창작에 열심히 할 동기부여가 필요합니다. 독자님들과 작가의 공감대가 형성이 되도록 멋진 서정을 가꿔 행복한 문향이 전국 방방곡곡에 퍼질 수 있도록 시심을 키워 보세요.

행복은 누가 만들어주는 것이 아니라 스스로 만들어야 합니다. 시인으로서의 책무는 열심히 창작하고 독자님들과 함께 삶의 향기를 전해줄 수 있어야 합니다. 시인의 글은 독백이 되어서는 안 됩니다.

자신만의 철학을 가지고 향기로운 문향을 만들어 독자님들과 공유해야 할 것이기에 더욱 노력하고 연구하는 시인으로 거듭날 수 있을 것으로 생각하며 2집에서는 1집보다 훨씬 아름다운 문향을 담아보세요. 그리하여 독자님들의 심금을 울릴 수 있도록 하면 좋겠습니다.

2024년 11월 청호 이재천 배

목차

서문_4

1부 시선을 저 하늘 끝으로

꽃반지 끼던 시절_16
사랑하는 임_17
목련_18
사랑은 고구마 줄기 타고_19
아버지 사랑_20
동행_21
당신도 멋져_22
당신의 밥상_23
가을빛 고운 날에_24
가을은 달빛에 영글고_25
가을과 추억 사이_26
가을에게_27
행복한 날_28
시선을 저 하늘 끝으로_29
새싹_30
이기는 생명_31
꽃길_32
오월의 장미_33
아가의 끼_34
사과 맛_35

2부 봄은 추억이다

찬란한 햇빛_38
빈 둥지의 꿈_39
하루_40
오늘_41
갈바람_42
무지개를 먹는 호수_43
낙서의 방_44
추억의 곶감_45
설악에 물들기_46
겨울 이야기_47
그대_48
봄은 추억이다_49
좋은 당신_50
비에 젖은 산자락_51
농부의 마음_52
내 마음_53
봄을 느끼는 온기_54
봄으로 가는 길_55
칠만 오백원의 금치_56
정읍사 그곳은_57

3부 늦여름의 정원

봄의 태동_60
새봄의 세상_61
개나리의 내일_62
순백의 향연_63
봄비는 소망_64
인생의 뜨락_65
비에 젖은 상사화_66
걸레의 가치_67
사랑의 미완성_68
사랑해_69
둥지_70
고추의 사명_71
엄마의 일생_72
국화들의 향연_73
비의 감성_74
미련 없는 여행_75
바람꽃_76
아비의 마음_77
늦여름의 정원_78
나의 안식처_79

4부 가을의 행복

바람은 인생 친구_82
그루터기_83
여심_84
나무의 아픔_85
생명의 꽃_86
만월의 행복_87
계절의 순리_88
가을의 행복_89
등대지기_90
봄 길은 희망의 길_91
하늘을 향한 연정_92
목련의 생명_93
보랏빛 향기처럼_94
비가 시 되어_95
소낙비_96
책이 된 시_97
자목련_98
그대의 흔적_99
고운 꽃_100
마중_101

5부 첫 눈꽃 필 때

행복하게 하는 사람_104
한 계절과 이별 중_105
나의 모과나무_106
비의 절규_107
오늘은 햇살_108
햇살 좋은 날_109
비 오는 여름 날_110
고구마 순의 기쁨_111
가을 산_112
가을에게 전하는 이별_113
닮은 사랑_114
떨어지는 가을_115
추풍낙엽_116
성공한 오징어_117
잃어버린 당신_118
첫 눈꽃 필 때_119
가을과 데이트_120
연리지 사랑_121
갈바람은 씨름 중_122
상사화의 사랑_123

축하의 글_124

제1부 시선을 저 하늘 끝으로

꽃반지 끼던 시절
사랑하는 임
목련
사랑은 고구마 줄기 타고
아버지 사랑
동행
당신도 멋져
당신의 밥상
가을빛 고운 날에
가을은 달빛에 영글고

가을과 추억 사이
가을에게
행복한 날
시선을 저 하늘 끝으로
새싹
이기는 생명
꽃길
오월의 장미
아가의 끼
사과 맛

꽃반지 끼던 시절

넓고 넓은 초원 위에
푸름으로 점유된 벌판

토끼풀 꽃향기
달콤 달콤 벌과 나비의
축제하는 놀이터

작은
손가락에
끼워진 꽃반지

행복 찾은
하얀 미소 엮어
열 손가락 채웠다

어린 시절
찾아보았던 네잎클로버
추억은 설탕 한 스푼

사랑하는 임

갈증으로 타는 목마름
해소할 당신이 그리웠어요

수많은 밤
별을 세며 잠 못 이루고
눈물조차 말라 울지도 못했어요

쩍쩍 온몸이 갈라지고
내적 갈등에 죽기 직전 반가운 소식
윙크하는 당신의 믿음직한 입맞춤

행복한 선물
그대보고 또 반한 마음 은혜로 촉촉합니다
감사로 춤추는 사랑의 소리
세상에서 제일 아름답습니다.

목련

평생 어여쁜 꽃을 마주할 수 없는 너
짝사랑 간직한 꽃이라

그리움에 얼굴은 백지장 되고
가슴 멍들어 파랗게 잎이 되었나

그리움이 아픔처럼 눈물 되어
땅으로 떨어져 흙이 되는구나

꼭 다문 입
까맣게 타버린 너의 심장이 아프다
평생 서로 그리워하다 떨어진 아픈 사랑아

그리움의 눈물이 방울방울
사랑의 수를 놓고 징검다리 되었네

한 장씩 사랑 노래로 써서
땅으로 내려보내니
나도 추신 곁들여 답장 보내련다.

사랑은 고구마 줄기 타고

메마른 대지 위에
부드러운 봄을 심었다

겨울 잔재의 아픔 털고
꿋꿋하게 봄을 견디며
뜨거운 여름 인내하고 있다

긴 장마 거름 삼아
줄기줄기 쭉쭉 뻗어 나가
땅따먹기로 온 세상 점령해 나가고 있다

불볕더위를 이기고 승리하는
모든 삶 속에서
사랑받기 위하여 알토란 키우고 있다

사랑은 주렁주렁 가마니 채워
넘치도록 다져 성숙하게 익어 가는 중이다.

아버지 사랑

아버지 당신은 사랑이었습니다
나뭇짐만큼 가족을 담은 큰마음입니다
아버지 당신의 외로움을 알지 못했습니다
가장이라는 울타리만큼
무거운 짐을 지셨으니 늘 아프셨습니다
어린 시절엔 아버지가 무척 커 보였습니다
어느 순간 마르시고 작아지신 당신은
삶의 무게로 고단해지셨습니다
아버지는 어른의 길을 묵묵히 가셨습니다
당신의 등은 굽고
손목까지 잘려도
소처럼 쉬지 않은 희생이었습니다
아들이 먼저 간 그 길을 하염없이 바라보며
아픈 가슴 부여잡고
가족 몰래 눈물을 많이 흘리셨습니다
어느 날 세상 것 다 내려놓으시고
차마 눈을 감지도 못하고 가신 당신은
행복을 주시는 아버지의 참사랑이었습니다.

동행

늘 내 곁에서
보석처럼 빛나는
임과의 동행 내 인생 최고의 멋진 선물

당신도 멋져

파란 청춘 가득 머금고
붉은 열정 넘치게 담은 당신도 멋져

작은 것부터 큰 것까지 다 나눠주고
안아 주며 힘내라 응원하는 당신의 마음

품격 있는 지조로 당당하라
세상 험해도 춤추며 신나게 살고
명품 되어 도도하게 져주면서 살라 하시니 감사

이 세상 끝 날까지
너와 함께하마
무지개빛 약속으로 인도하시는 당신은 멋져.

당신의 밥상

고슬고슬한 흰 쌀밥 위에
사랑 한 스푼 넣어 차려 주십니다
구수한 된장국에
엄마의 정성 어린 마음 넣었고
자나 깨나 자식 걱정하는 아비 마음도 넣었습니다

맛있게 먹는 자녀의 입만 봐도
당신은 배부르다며
미소 지으시는 고운 숨결 평안 주는 감동입니다

한 그릇 뚝딱 비우자
숨 크게 쉬시는 부모의 뜨거운 마음
잘 먹고 트림까지 행복해하시는 당신의 사랑
태산보다 높고 하늘까지 감동합니다.

가을빛 고운 날에

달콤한 바람 사이
선물로 찾아온 각로청수 나를 매혹하고
빨간 고추잠자리 감나무에 살포시 앉아
붉은 감과 숨바꼭질하며 열정 태웁니다

담장 넘어 붉게 익어 완숙미 넘치는
석류알은 루비처럼 영롱하게 아름답고
가을빛 고운 날에
사랑하고 사랑받기 딱 좋은 날
웃음 가득 안고 온 멋진 임
알록달록 멋들어 가는 그대로 나는 행복합니다.

가을은 달빛에 영글고

찬바람에 시린 달
곱게 떠오르면 해는 토라져 숨고
가을밤 두둥실
뽀얀 달빛에 토실토실 영글어가고요

얼굴 가득 사랑담은 환한 미소
밤을 잊은 그대 참 아름답구려

어두운 밤 비추는 인자한 얼굴
따뜻한 마음 온 누리에 빛 골고루 나눕니다

연인들의 달콤한 밀어
행복한 나들이 기쁨 넘치고
밤부터 여명 올 때까지 영글어 가는 달.

가을과 추억 사이

알밤 토독 떨어지는 가을
구절초 화관 엮어 결혼하는 까치

감나무 끝에 달린 홍시로
신혼 방 불 밝혀 익어가는 가을

잘 익은 머루알 조랑조랑
달콤한 과즙 새색시 입술처럼 맛깔나네

긴긴밤 달빛 머리에 이고
귀뚜라미 한탄할 제 여닫은 신방
만추의 추억 한마당 풍성하게 어우러져 간다.

가을에게

아름답게 익어가는 가을에게
황금빛 꽃다발 듬뿍 안겨줍니다

땀 흘린 시간을 다 채울 수 있는
붉은 열정으로 한 아름 품었습니다

풍성함 전해준 가을 들녘
감사의 노란 국화꽃을 보냅니다

아침부터 분주하게 소리치는 까치
붉은 홍시를 넘치게 선물합니다

들국화 향기에 저물어 가는 가을
예쁜 단풍 낙엽 주워 손 편지 전해봅니다.

행복한 날

행복은 나를 졸졸 따라다녀
그림자처럼 하나 되어
내 안에 큰 웃음으로 마주합니다

진실한 사랑 앞에
설레는 마음 안에
달콤한 사탕 한가득 넣어 놓았답니다

찬바람 불어오는 늦가을
익어가는 잎새 위에 추억 새기고
갈대밭 거닐며 낭만을 주머니에 넣었다고요

계절마다 색다른 향기
나를 매혹하는 삶의 원동력
인생의 키를 잡는 그날이
행복의 문을 활짝 연 날입니다.

시선을 저 하늘 끝으로

시선을 저 하늘 끝으로 돌리니
행복한 미소 넘치는 꿈과 소망
교만과 겸손이 무엇일까
오늘도 지긋이 눈감고 감사 기도를 한다

넓은 하늘에
온갖 그림으로 그려진 흰 구름
자연의 이치 앞에 넘치는 그림으로
아름다운 매력에 시선을 거두지 못한다

따스한 햇살 한 자락
거친 삶에 지쳐있는 나를 토닥토닥
오늘도 두 손 불끈 멋진 하루를 만들어야지

그리움 닮은 그림자
손에 잡힐 듯 잡을 수 없는 허상
생각하면 곰살맞지 않은 세상
그래도 용기 있게 살았으니 행복 아닌가

한 줄기로 가물거리던 허한 마음
겸손한 기도로 온기 채워
하늘 높이 구름처럼 두둥실 달콤한 마음 담아
함께 만들어가는 인생 여정 나의 버팀목

새싹

상큼한 청 귤차에
생명 충만한 새싹 덤으로
기분 산뜻하게 속살거린다

뜨겁게 들어오는 열정
새콤달콤 입맛 사로잡는다

어느 따스한 봄날
햇살 품은 창가에 앉아 새봄을 맛보고 있다
짧은 봄 향연 끝나기 전에 다시 만나고 싶다

싱싱하게
봄을 잉태한 푸른 싹 기대하며
그리움 한 자락 마음속에서 꺼내본다.

이기는 생명

톡톡 터져버린
무딘 살 아픔 통하여 꽃이 피었다

모진 겨울 인내의 길
묵묵히 걸어 아름다운 꽃으로 피어 났다

위대한 생명은 입을 열고
행복한 삶을 위해 큰소리치고 있다

찢어진 새살 위로
봄은 찬란하게 피어나고
사랑스러운 미소는 눈부시게 예쁘다.

꽃길

사월이 오면
팝콘처럼 몽글몽글
수줍게 피어날 벚꽃 길
활짝 웃어 줄 기다림이 즐겁습니다

설렘으로 시작하는 봄
행복한 일 년으로 채워 갈 희망

작년의 꽃은 추억 속에 있고
수많은 길 지나간 사람들
많은 사랑의 씨앗을 키워내었을 테지요

삶의 여정 눈물로 꽃피웠기에
남은 인생은 고고한 몸짓으로
더 아름답고 단단하게 익어갈 것입니다.

오월의 장미

오월의 장미
세상을 아름다운 얼굴로 매혹하니
겉으로만 보고 판단하면
날카로운 가시에 찔릴 수 있다

눈으로만 보고 마음에 담자
만지고 싶어도 참아야 한다
꺾고 싶지만 마음속에 저장해 둬야지

부드러운 햇살처럼
은은한 오월의 열정으로 피어난 꽃
세상에 소곤대는 사랑 닮았어라
지고지순한 사랑이면 좋겠다

그대 장미여
우리네 인생 속에 피고 지고
항상 고움 만 생각 할 수 있으면 좋겠네.

아가의 끼

철퍼덕 쿵 넘어지는 소리
오늘도 아가는 달리다
쿵더쿵 엉덩이 절구 방아 찧는다

역시나 오늘도 우당탕
무럭무럭 세상을 배워가는 아가
삶이 꽃길만은 아니라 배우는 중

사랑스러운 재롱에 마음 주는 부모
행여 날세라 꺼질세라 애지중지
엄마 품에 세상에서 제일 값비싼 보석

울어도 사고 쳐도 예쁜 새끼
멋지게 예쁘게 자라나는 새싹
엉덩이춤 배꼽 빠지는 관중

조금 더 쑥쑥 손짓발짓 애교에
웃음꽃 만발 가족의 행복 채워주는
세상에 누릴 것 다 누리는 사람이 되어라.

사과 맛

어느 날 당신은
고운 몸짓으로 노래하며
가녀린 연두로 잉태하여 봄 버튼을 켰다

당신은 예쁜 꽃의 웃음에
벌 나비 부르고 신혼살림에
달콤한 행복에 무럭무럭 꿈을 키운다

세상 향하여
열매를 만들기 위한
분투의 땀 뻘뻘 흘리고 있다

자연에서 받은 사랑 품고
여름내 태양의 애무 받으며 만든
빨갛게 익어가는 향기를 위해
인고의 여름을 견디었다

당신의 맛은
겨울을 깨워주며 영양을 채우고
봄을 회상하는 인생 노래 아삭한 맛 일품이다.

제2부 봄은 추억이다

찬란한 햇빛	그대
빈 둥지의 꿈	봄은 추억이다
하루	좋은 당신
오늘	비에 젖은 산자락
갈바람	농부의 마음
무지개를 먹는 호수	내 마음
낙서의 방	봄을 느끼는 온기
추억의 곶감	봄으로 가는 길
설악에 물들기	칠만 오백원의 금치
겨울 이야기	정읍사 그곳은

찬란한 햇빛

봄을 누리기 위하여
태양의 망중한 눈빛 한 줌에 설렘

찬란한 빛 온 누리에 쏟으니
꽃피고 열매 맺고 절정으로 다다른다

달콤한 향기에 취하여
여유로운 마음으로 걷는 꽃 천지

행복으로 물드는 꽃의 향연
새 삶이 꽃이 되어 계절을 잃어버렸다.

빈 둥지의 꿈

높은 나무 꼭대기
집짓기 위하여
부지런한 소망 담아 날갯짓한다

가지 물고 나를 때마다
정성과 사랑 쏟아 희망 담아 설계하였다

태풍 끄떡없이 튼튼한 보금자리
아들딸 많이 낳아 다복하게 지내자고
웃음꽃 행복 심어 알콩달콩 풍성하게 산다

애지중지 키워 출가시키고
빈 둥지의 꿈 다시 채울 만남

무지개 동산에
아름다운 언약 이루려고
또다시 올봄을 꿈꾸며 묵묵히 기다린다.

하루

하루를 만들기 위해
태양은 쉬지 않고 열정을 만들었다

밤새 식어버린 마음 채우려
여명을 담아 뜨겁게 달궈 또다시 떠 오른다

바다를 붉게 물들이고
하늘은 아침을 위하여 힘차게 태동한다.

솟으라 태양아
까만 밤 희망 빚어 열정으로 올라가라

역사를 만들어가는 하루
하늘 높은 곳에 뜨거운 마음 전하리라

하루를 두 손으로 받아서
감사하며 행복한 아침을 사랑하리라.

오늘

만경창파 배 띄워
유유자적 노 저으며 오늘을 만들고 싶은 날
설렘 담아 하루 시작은 희망

숨 가쁜 세상살이
구름처럼 무심히 흘러가는 삶에
활짝 웃는 일만 만들고 싶어라

콧노래 흥겨운 손가락 장단
어깨춤 들썩들썩 춤 추는 인생
오늘 하루도 무사히 끝내고 가족 품에 안긴다.

갈바람

바람으로 흔들림은
낙엽뿐만은 아니더라

갈 곳 잃은 내 마음
갈피를 잡지 못하고 흔들린다

우수수 쏟아지는 낙엽
가슴 아파 눈물로 같이 뒹굴더라

임에 겨운 당신의 아픔
속상할까 봐 차마 보지 못하고
떠나는 가을에 슬프게 웃어 버렸어

이별 앞에 찬바람 속절없고
다시 돌아올 그 시간은 멀기만 하다.

무지개를 먹는 호수

늦가을의 아침 정취
안개 속에 보일 듯 말 듯 한 실루엣

태양이 창공 위로 솟아올라 반짝일 때
윤슬 아름다워 설레는 여자의 마음

익어 가는 숲길 사이로
세월도 뒤따르고 가을도 총총 가고 있었다

태양 빛 머금은 분수 위로
꿈 속 세상처럼 핀 무지개 호수의 전경

황홀한 시선 돌릴 수 없고
태평천하를 꿈꾸며 드리는 기도.

낙서의 방

읽던 책 페이지 넘기다
울컥 올라와 낙서 하였다

썼다 지웠다 반복하며
시상 조각에 몰두 한다

책에 미안했지만
쓰고 지우고 또 써도
남은 흔적이 나를 찔러 아프게 한다

처음으로 돌아갈 수 없는
그 페이지에서 내 하루도 멈추었다

입이 무거운 책은
비밀의 방을 공감하면서
다시 읽어 주길 기대하지 않을까?

추억의 곶감

비닐하우스 입구에
곶감 만들려고 옷 벗고 옆으로 매달린 감
꼬들꼬들해질 때 달짝지근한 맛 최고였다

완전 범죄 꿈꾸며 하나 따먹고
모를 거라고 안 그런 척 아이의 눈높이
어른들은 다 알고 계시는데
어린 형제들 달랑달랑 문턱 넘기 숨 가쁘다

펜션에 가족 모임 때
주렁주렁 달린 주홍빛 추억을 보았다
행복한 웃음꽃 피어
어린 시절 곶감 이야기 밤새 잠을 잊어 버렸다.

설악에 물들기

골짜기마다
빨강 노랑 익어가는
달콤쌉쌀함에 물든 단풍
우아하게 익어가는 가을 맛이랍니다

아름다운 금수강산
계절 계절마다 변신하는 자태
뒷모습도 곱게 채우니 자랑 안 할 수 없지요

시원한 계절 바람의 미소
풍성해진 산자락은 그림 같은 풍경
멋진 산세에 내 족적 새기고 싶어요

고운 사연 풍성하게 담은
울긋불긋 예쁘게 익어가는 산세
우리 같이 멋 내기로 곱게 만들어 갑시다.

겨울 이야기

흰 눈 사이 햇살 비출 때
눈부신 열정 반짝반짝
햇볕에 눈물 뚝뚝 흘리는 고드름

군불에 구수한 군고구마
숯 검댕이 얼굴 마주 보며 툭 터진 웃음
아궁이처럼 뜨거운 열정으로 불 지핀다

뽀드득 발걸음 소리
청아하게 심장 건드리고
하얀 대문 앞 눈사람 하나둘 늘어간다

시원한 동치미
가래떡에 꿀단지 싸움
따뜻한 아랫목에 도란도란 밤이 익어 간다.

그대

그대는 나의 운명이요
옆에 없어도 당신 생각에 마음 절절합니다

그대는 나의 전부라오
멀리 뒷모습만 보아도 그날 온종일 기분 좋게 합니다

그대는 나의 심장입니다
당신의 사랑은 뛰다 넘어져도 나를 웃게 합니다

그대는 나의 생명입니다
정 깊은 하루하루 감사한 마음으로 사랑하렵니다

그대는 나의 버팀목입니다
옆에만 있어도 기둥처럼 든든한 나의 등대입니다.

봄은 추억이다

낡고 낡은 연서들
서랍 속 깊숙이 간직했던
빛바랜 추억과 해묵은 감정 꺼내게 한다

철 지난 잔재 사이로
몽실몽실 초록빛 향연 시작
아픔의 자리 촘촘히 채워 봄 노래한다

철 지난
액자 위 먼지까지
봄바람 청소에 찬란한 햇빛 나른해진다

쏘옥 올라온 새싹
생기 가득한 봄 향에 슬며시 찾아온 행복
상큼한 봄 누리게 한다.

좋은 당신

이 세상 태어나
당신 알고부터 사랑에 빠졌답니다

아무것도 보이지 않고
오직 당신만 눈에 들어옵니다
늘 고백해도 갈증 납니다

그윽한 눈빛
만인의 신랑 그 미소 설레어
심장은 언제나 콩닥콩닥 뛰지요

토닥토닥
할 수 있다 잘 한다는 격려
인도하시는 주님은 나의 사랑 지킴이입니다.

비에 젖은 산자락

촉촉하게 젖은
당신 모습 어여쁘다
막 씻은 것처럼 신선해라

충만한 노래하는
도란도란 산새들의 행복 이야기
청량한 공기 맛에 웃고 있는 당신 멋지다

산줄기마다
행복 주는 초록빛 감동
사부작거리며 춤추는 당신 아름답다

시원한 바람 짙어진 녹음
생명의 축배 드시는 당신께 반하여
마음 한 자락 희망 얻으려 조용히 고개 숙인다.

농부의 마음

굳은살 두텁게
내려앉은 투박한 손

봄판 가꾸고
쟁기질한 옥토에 씨 뿌렸다

바람 불면 날아갈까
폭우에 떠내려갈까
새가 쪼아 먹을까 밤낮 노심초사

새카만 얼굴 주름살
밭이랑처럼 굵어져 땀방울 넘친다

붙잡은 근심·걱정
심장 태워 재 될까 마음만 설레발친다

때 되면 들인 정성 알알이 익어
곳간에 풍년 울릴 때 농부 마음 흐뭇하다.

내 마음

창공에
구름 마차 타고
내 마음 가는 대로
소망보다 소명 태워 돌파하리라.

봄을 느끼는 온기

잔잔한 시냇물 위에
자유롭게 유영하는 오리 떼

여유로운
봄기운 넘쳐흘러
행복한 미소 머물고 있다

홀로 걷고 있어도
봄을 맛보며 나물 캐는 손
멈추는 눈길 정다워라

봄 마중 나온
사람들 발걸음 상큼하게
봄볕에 흐르는 온기 따스함이라.

봄으로 가는 길

모퉁이
살짝 돌아보니
저만치 봄 냄새 풍겨온다
성큼 다가오고 있었다

땅은 촉촉한 바람 머금고
따뜻한 기류 마중하며 미소 짓는다

동구 밖
버드나무 가지 물올라
푸른 꿈 가득 담아 청춘 불태우려
사부작사부작 하늘거린다

어딘지 미묘하게 달라진
공기의 맛 새봄이 손짓하고 있었다.

칠만 오백원의 금치

열무 세단
얼갈이한단
단배추 두 박스
들어갈 양념이 될 친구들

다듬고 절이고
씻고 써는 아픔 통하여
금치로 변신하려 시들고 있다

초록에 붉은 채색 곱고
아름답게 옷 입혀 행복한 맛
보장한 금치로 변신

치솟는 물가 대신
식탁 빛내려 화려한 외출 끝냈다.

정읍사 그곳은

비에 젖은 그곳은
사랑스러운 모습 곱게
애달픈 연가 피어날 때
빗물인지 눈물인지 방울방울

아양 사랑 숲* 촉촉하게 적시며
나그네 발길 유혹하고
드나드는 낭만 객들의 설렘 채운다

이리저리 둘러봐도
짝사랑 슬픔 사라지고
꽃 무리 핑크 뮬리 연정 환희에 젖는다

차 마루에서
뜨거운 쌍화차 한 잔에
은혜 하는 마음 고백하니 참 따뜻하다

녹아드는 인심 넉넉함에
기쁨이 깊은 곳까지 뜨겁게 넘치니
어찌 사랑하지 않겠나!

*아양 사랑숲 – 정읍에 있는 숲 이름

제3부 늦여름의 정원

봄의 태동
새봄의 세상
개나리의 내일
순백의 향연
봄비는 소망
인생의 뜨락
비에 젖은 상사화
걸레의 가치
사랑의 미완성
사랑해

둥지
고추의 사명
엄마의 일생
국화들의 향연
비의 감성
미련 없는 여행
바람꽃
아비의 마음
늦여름의 정원
나의 안식처

봄의 태동

봄바람에
겨울 아픔 토해내고
그 여린 살갗 위로 터져버린
깊은 그리움에 새싹이 꿈틀꿈틀

뾰쪽한 상처
보듬어줄 당신께 맡기며
햇살 한 줌에 토실토실 살 올라
봄 마중하는 얼굴 밝게 빛나 밝다

여린 나뭇가지 사이
매서운 바람 온몸으로 받아
인내하는 그대 마음 기쁨으로 만족한다

악기 없이 춤추는
당신은 최고의 연주로 빛나며
아픈 상처 치료하는 당신의 손길 대견하다.

새봄의 세상

달콤한 바람의 유혹
성급한 햇살 드러내고
살포시 봄에 유혹한다

겨울 잔해의 거친 시샘
급한 성정 죽이고자 웅크리고
덜덜 떠는 인내의 강 건넘인가

가시지 않은 한기
포근한 당신 손길 그리워
미리 나온 새싹 눈물샘 터지고
고이 간직한 마음 하나 됨을 인식한다

인생의 쓴맛
이 또한 지나가리라
이기는 생명 되어 행복으로
사랑 온 천하에 자랑하려 곱게 만개한다.

개나리의 내일

살랑살랑 봄바람 매혹하는 손짓에
눈웃음치는 노란 봉오리

꽃샘추위 시샘에도
봄을 노래하며 온몸 사르는 그대
긴 기다림으로 봄을 숙성시키고 있다

정 깊어 사랑 나눌 그날
사계절 첫 생명의 태동

그리움 간직한 마음
인생 여정 함께 할 미래
소망 가득 품은 사랑 힘은 꿀맛처럼 감미롭다.

순백의 향연

봄소식 끝에
눈꽃이 화려하게 부활한다

벅찬 감동 코끝 찡한 낭만
설렘으로 가슴 살갑게 불 지른다

겨울의 마지막 선물 받고 보니
찰랑찰랑 정 넘치는 마음 온 세상 밝게
이웃과 어울림에 행복한 웃음

하늘의 축복
대 자연의 신비로움
새롭게 펼쳐갈 인생 한 페이지
하얀 눈 속에 아름답게 승화하는 중이다.

봄비는 소망

신의 선물
이른 봄비가 새벽길을 적시며
기다림으로 차분하게 마음을 씻는다

홀로 걷는 발걸음
음률 되어 시인의 가슴을 적셔
그리움 따라 추적추적 우산 안으로 동승

작은 불빛에 어린 긴 그림자
꼬리 물고 봄이 맛깔나게 자란다
밝아 오는 새벽길은 희망의 속삭임

어느새 우산 속에는
봄 벗 모여 푹 젖은 발자국
동그라미 작은 세상 아름답게 설계하며
행복한 마음 촉촉하게 전하고 있다.

인생의 뜨락

당신의 뜨락에서
하얀 꽃비가 충만할 때
장독대 포근하게 덮은
사랑의 결정체

봄이 놀다 간 자리
애잔하고 볼수록 어여뻐라
송이송이 맺혀진 눈물의 사랑
맛보는 지금 설렘이라

누군가 그리울 때
당신의 뜨락에서 가을 한 줌 줍고
사계절 맛본 인생 멋지게 철들어 간다.

비에 젖은 상사화

애틋한 사랑으로
젖어가는 당신의 아름다움

방울방울 동그라미 안에 연정 채워주니
말로 표현할 수 없는 신선한 설렘과 환희로 젖어

그리움이 뚝뚝 빗물과 하나 되어
몇 년의 공백까지 가슴 촉촉하게 만집니다

자나 깨나 사랑하는
마음의 높이 산처럼 높아질수록

죽음조차 뛰어넘는 달콤한 사랑
맛볼 수 있어 은혜로 당당하고 멋지게 변화

흐르는 시간 안에서
변함없는 행복의 맛 기대 함이 땅속에 있어요

외로움도 보석 같은 생명수 되어
생명의 꽃 찬란하게 피어 애달픔 녹게 합니다.

걸레의 가치

처음 태어났을 땐
나도 깨끗한 곳에 일하고 싶었다
있는 자리 반짝반짝 빛내며 사랑 채우리라

그 소원 무너짐은 하룻밤 꿈
구정물 담그는 순간 흙과 백 부서진 현실
구석구석 쌓인 먼지보다 못한 대우

점점 변화되는 몸 눈물 흙탕물 되니
상한 마음 위로 받을 길 소원해지고
무너진 자존심 찾을 길 없더라

그래도
나를 잡은 자의 손에서
잠잠히 쓱싹쓱싹 지나간 자리
아름답고 깨끗하게 할 청소 왕 되리라.

사랑의 미완성

초록 잎에
살포시 앉은 빗방울

수정처럼 맑게 빛나는 너
내 마음도 담아 함께라서 행복해

초목 위에
살며시 물든 동그라미

햇살 받아 반짝반짝
아름다운 너는 소망 넘치는 생명수

초록 물든 그대의 얼굴
온 누리에 행복으로 채워주니
멋지고 끝없는 사랑이라네.

사랑해

이순이 넘어가니
세상 모든 것이 사랑스럽다

뜨거운 태양 빛에
생글생글 살아있는 것들
나와 함께 호흡하며 동행하는 삶

함께 있는 그 자리
일상을 스쳐 가는 바람조차
아름답고 소중한 그림 감사하고 사랑해.

둥지

무심코 들여다본 세상
아찔하고 힘난한 인생길에서
잊어버린 나의 여심 찾아 나섰더니
높은 산 정상 구름 위에 있더라

소녀처럼 풋풋한 감성
싱그럽던 그녀는 어디 갔을까
고달픈 삶 속에서 길을 잃었는지도 몰라

둥지 튼 그곳에서
무엇을 바라보고 무슨 말을 하고 있을까
유유자적 자유롭게 흐르고 싶은데
변화무쌍한 삶의 둥지에 볕만 들면 좋겠네.

고추의 사명

봄을 심고 가꾸어
삼복더위 이겨내더니
붉은 보석 같은 자태 탐스러워라

태양 빛에
사랑 한 스푼 담아
탱탱한 열정 태양처럼 빛나고 있다

자연과 사람의 합작품
사랑의 손길로 정성 쏟으면
농부의 땀방울에 보답한다

바람 햇살과의 데이트
탐스런 색깔로 물들이면
겨우내 입맛 살려줄 얼큰한 보석.

엄마의 일생

험난한 인생 여정 피땀 어린 가시밭길
희로애락 모진 세월 흘리신 눈물
강이 되어 팔순의 나이 씻어 줍니다
기쁨의 날도 찬란했지만
슬픈 날 더 많은 굽이굽이 인생길
자전거로 종횡무진 삶의 철학 새기셨지요
하늘나라 앞세운 아들로
아픈 마음 피멍 든 가슴 지워지지 않았고
수없이 많은 날 밤을 눈물로 별을 만드셨어요
한 해 한 해 세월 이기는 장사 없듯
녹슬어 가는 온몸 바람결에 흔들려도
투정 한번 없이 열정을 꽃 피우신 우리 엄마
남은 시간 평안하시기를 간절히 기도합니다
엄마의 마음 때로는 자식들이 몰라줘도
한결같은 마음으로 버팀목 되어 주시는
엄마의 깊은 사랑 먹고 자녀들 살고 있답니다
곱게 익어 가시는 엄마 고마운 우리 엄마
팔순도 이기시고 끝나지 않은 자전거 인생 여정
이제 백세 청년 시대 향하여 힘차게 밟는 페달 그 길이
오늘도 팔팔하게 잘 돌아갑니다.

국화들의 향연

탐스럽고 풍성한
가을 국화 축제 한 마당
초가지붕에도 풍만한 가을이 꿈틀

호박 얼굴
달덩이처럼 예쁘고
흔들리는 갈대의 노래
가을 정취에 시 한 수 뽑아낸다

잘 만든 꽃길 안정된 정원
담장 타고 올라간 가을꽃의 향취
저수지 물속의 꽃까지 아름답고 곱다

울긋불긋한 단풍
향기 넘치는 국화의 유혹
담장 넘어 갈바람에 유영한다.

비의 감성

가을비가 추적추적
창가에 내려와 다소곳이 머물고 있다

따스한 찻잔이 식어가도
머문 눈길 멈출 수 없이 아름답게 울고 있다

한 잎 두 잎 그리움 남기는 가을
비에 떨어지는 낙엽 이별 드라마 찍고 있다

가을비 무게를 이기지 못하고
땅에 내려앉는 낙엽 곧 찬 서리 몰고 오겠지

비에 동화되어
심장에서도 비가 주룩주룩 내리고 있다.

미련 없는 여행

기차 종착역
헐떡이던 가쁜 숨
미련 없이 정시 떠나버린 아쉬움

흔적의 통증
두 선로 위로 덩그러니 남은 얼룩
눈물에 반사된 평행선은 얄밉게 빛난다

너와 나
함께 가는 수레바퀴처럼
하나인 듯 아닌 듯 달려가는 인생 여정

허탈함 털어 내고
해맑게 웃으며 다음 열차 기약 하니
기다림도 행복이라 하지 않았던가.

바람꽃

하늘이 파랗게 멍들던 날
초록 군상 틈에 흰옷 입은 청초한 내 임

푸른 머리 풀어 헤치고
구름 따라 흘러가는 내 청춘아

아프고 시린 마음 밭에
던진 돌에 멍든 가슴 아프다

바람꽃처럼 피고 지고
텅 빈 가슴앓이 외로운 인생아

계절은 순례의 길 떠나고
그렇게 익어가는 종착역에 짐 내려놓는다.

아비의 마음

묵묵히
뒤에서 지켜보는 마음
아비의 절절한 사랑

태산보다 크고
더 높은 아비의 마음
이심전심 통함인가.

늦여름의 정원

한낮의 열기
소나기가 시원스레 식혀 주니
늦여름의 정취 고즈넉하다

아침 신선한 바람에
맺힌 이슬 식혀주는 풀잎
가을 길을 재촉하며 하루를 시작한다

녹음 짙은 숲
삼복 담금질에 지쳐 갈 즈음
꽃잎 진 자리 토실토실 여무는 여름

시간 행차에 들려오는 소리
뜨겁게 달구던 태양은 묵도하고
머지않아 추풍이 찾아온다고 소문났다네.

나의 안식처

지친 육신
포근하게 품어 주는 곳
홀로 있을 때 안식처 되어 주네

누군가 찾아오면
따뜻한 차 한 잔에 수다 한 스푼
꽃 피고 시간 가는 줄 모르네

언제나 변함없는 나의 둥지
나를 품어줄 행복한 안식처
끝날 때까지 사랑도 행복도 피고 지고.

제4부 가을의 행복

바람은 인생 친구	하늘을 향한 연정
그루터기	목련의 생명
여심	보랏빛 향기처럼
나무의 아픔	비가 시 되어
생명의 꽃	소나비
만월의 행복	책이 된 시
계절의 순리	자목련
가을의 행복	그대의 흔적
등대지기	고운 꽃
봄 길은 희망의 길	마중

바람은 인생 친구

바람은 삶이라
인생살이 바람 잘 날 없고
짧지 않은 인생길에 수많은 바람

태풍 파도 험산 준령
한 편의 연극 같은 인생 드라마
파산하여 도태돼도 숨을 쉬고 있네

힘에 겨운 살림살이 시간은 지나
그런 것이 세상이라 큰 인생 공부
이런 날도 있었다고 행복이라지

소용돌이치던 환경 속에
허리끈 졸라매던 지난 세월은
삶의 여정 바람과의 동행 계속되리라.

그루터기

평생 당신 위해 헌신하며
하루도 휴가나 쉼 없이 순종하였어요

사계절 온갖 날씨 다 경험하며
인생 희로애락 경험하며 살았지요

온몸 바쳐 당신 뜻 맞추며
세월의 무게 무거워서 많이 울기도 했죠

이 땅 위하여 나를 다 드린 댓가
속은 텅 비어 쓰러지고 내 몸은 불태웠다오

이별하는 날 인사도 없이
덩그러니 남겨두고 혼자 떠나니 야속합니다.

여심

비 온 뒤 상큼해진 푸른 잎 위에
소녀 같은 나의 여심 살포시 얹어 놓고
당신과 행복한 동행 감사로 기뻐 춤추리라.

나무의 아픔

수없이 긴 세월
눈살 한 번 찌푸리지 않고
한 자리에 서서 세상 이야기를 듣는다

시간 흐르고
다사다난한 세상의 이치
때로는 사람들의 쉼터가 되기도 한다

긴긴 시간 홀로 지내며
격정의 시간에 버거울 때도
나무 곁에 찾아가 눈물로 하소연한다

궁극적으로
도끼에 찍히고 우뢰에 매 맞아도
누구 하나 위로해 주는 이 없으니 참 아프다.

생명의 꽃

창에 비추는 가을
파란 하늘 수놓은 흰 구름
맑음에 취해 행복하게 웃는 날

갈바람에 흔들거리는 꽃
희망찬 내일 화사한 외출 기대한다

늘 변함없는 자리
새들에게 들은 세상 이야기
좋은 말만 들으면 좋겠다

나의 꿈은
멋진 왕자님께 소중하게 사랑받게 될
풍성한 생명의 꽃이 되기를.

만월의 행복

한가위 보름달
풍성한 오곡 백화
행복 나누느라 바쁘다

고즈넉한 아름다움
만월의 자태 홀로 고고하다

둥근 얼굴에 흐르는 여유
대낮처럼 밝게 비추는 만월의 미소
가을 정취에 감성을 퍼낸다

늘 같은 일상에
한 번쯤은 분위기에 젖어보고 싶다.

계절의 순리

보랏빛 쑥부쟁이 한들거리는
담 모퉁이 옆 멋쟁이 가을 임 포착

기왓장 위로
살며시 낙화하는 낙엽의 발자취

알록달록 물들어 가는 단풍
가을 향이 그윽하게 아름답다

계절은 언제나 순례 중
오가는 객 손잡아 주는 것은 자연의 섭리.

가을의 행복

황금 주머니 가득 채운 들녘
농부의 땀으로 반짝반짝 빛 난다

빈 그릇마다 가득 채운 노고
오곡 백화 풍성한 사람들의 인심

나무마다 가지 부러질 듯
열매가 보는 이의 입맛을 달군다

사계절 결실의 땀방울 밑거름되어
행복한 양식 생명의 맛 기대가 되는 기쁨.

등대지기

파도의 마음 만져 주는
등대지기 생명의 방향키

삶의 질풍노도 철썩철썩
길 잃지 말라고 밤을 비추는 희로애락

파도는 일렁여도
등대지기의 마음은 변함 없다

언제나 같은 자리 묵묵히 지켜주는
바다의 파수꾼 희망의 등대지기.

봄 길은 희망의 길

봄볕에
아기자기한 희망이 쑥쑥 올라오고 있다

눈망울 뾰족뾰족 호기심에
이리저리 세상을 둘러보고 있다

활짝 웃어 주는 햇살
희망찬 메시지에 환하게 웃는다

달콤한 들녘의 공기 부드러운 몸짓
사랑스러운 봄은 아름답게 무르익어 가고 있다.

하늘을 향한 연정

겨우내 도톰한 털옷 속에
생명 품어 앉고 봄을 기다린다

추운 겨울과 씨름 한판
하늘 향한 연정 열정으로 톡톡

삼월을 곱게 수 놓는 목련 아씨
인내와 기다림 절정 이루고 활짝 피어난다

아기 미소처럼 담백하게 표현
우아한 몸짓 싱그러움 가득 담았다

넉넉한 마음으로
메마른 목마름 꽃으로 향기를 퍼트린다.

목련의 생명

꽃에 희망 주는 나비는
죽도록 아프게 고치에 매달려 있다가
아름다운 자태로 익어 날아오른다

목련도 나비처럼
털 옷 속에서 겨우내 추위와 씨름하다
여리고 하얀 향기로 피워 생명을 알린다

인고의 시간을 버티어
하늘 향해 닫힌 마음을 열고
열정으로 품어온 꿈 사랑스럽게 전한다

감사한 마음 행복에 겨워
온몸으로 표현하는 꽃송이의 작은 만찬
그것을 사람들은 곱다고 한다.

보랏빛 향기처럼

봄비 내릴 때
하얀 꽃비 환상의 춤사위
황홀경에 흠뻑 취해있다

투명한 우산 속으로
톡톡 튕겨내는 가락에 춤추며
봄을 연주 하고 있다

심장 뭉클한 울림
행복한 마음 포만감으로
날개가 되어 하늘 저 멀리 난다

보랏빛 향기 꿈처럼
수수꽃다리는 향기를 품고
물기 머금은 희망 노래를 한다.

비가 시 되어

비는 창가에 보석처럼
통통 살아서 움직인다
달콤했던 하루 추억 소환이다

해맑던 어린 시절
작가를 꿈꾸던 감성 소녀는
어느새 반백 넘어 창작 연마 중

비가 오는 날은
마음 울컥 그리움 건드리고
빗소리에 아름답던 날을 회상한다

가슴에서 시가 되어
촉촉하게 젖어 흘러나오고
싹을 틔우듯 비에 젖어 든다

우중에 뒤엉킨 시어들을
하나씩 낚아 올리는 사연은
내 영혼을 일깨우는 생명수이다.

소낙비

우르릉 쾅 하늘에는
번쩍번쩍 전쟁 난 것처럼 야단법석

한쪽은 해가 반짝
반대쪽은 집어삼킬 듯 비를 쏟고
야수처럼 먹구름 사이 물 폭탄

요란하게 퍼부어 대는 비가
천지를 개벽하는 것처럼 요란하더니
하늘은 금방 어느새 청명하게 웃고 있다

거짓말처럼 개어
뽀송해진 대지에 초목만 촉촉하다
한 여름날의 세레나데!

책이 된 시

인생 삶의 시가
책이 되어 사람들과 공감한다

글자 하나하나 엮어
살아 숨 쉬는 감성으로 호흡한다

고운 시상을 건져
한 수씩 만들어가는 창작의 고뇌

많은 이야기가
행복한 만남을 기대하며 줄 서 있다.

자목련

그대는 겨우내 갑옷 입고
설한의 동지섣달을 견딘 자목련

당신 인내의
봄을 환하게 열어놓고 웃는다

보랏빛 향기에
긴긴 겨울의 고단함이 응축되어
얼마나 아름답게 웃어 주는가

당신의 이름은
언제나 설렘으로 충만하게 채워 주네.

그대의 흔적

곱게 피던 그대
뭐가 그리 급하여 벌써 가셨나요

초라한 꽃잎 몇 장 남기고
서글픈 사연 담아 시를 쓰고
텅 빈 자리 화려한 시절 감추려
잎으로 가려 망부석 되셨소

낙화하던 처연한 아름다움
눈물로 손짓하는 내 마음도 함께 떨어집니다.

고운 꽃

누군가에게
고운 꽃으로 남고 싶습니다

하늘하늘한 옷을 입고
예뻐 보이고 싶은 마음입니다

그대에게 가는 길
당신 닮은 파란 수국 한 아름 안고 가겠습니다

물먹은 하늘처럼
넓은 가슴 진득한 애정 가득 담아서
꽃이 되어 따사로운 손길 기다립니다.

마중

동구 밖까지
마중 나오시던 아버지

구부러진 허리 뒷짐 지시고
하얀 모시옷에 주름 가득한 얼굴로 웃으며
말 한마디 없이 앞장서 가신다

애잔한 뒷모습에
가슴 뭉클 어느새 늙어버린 야윈 몸
아픔과 그리움이 방울방울 흘러내린다

또 누가 나를 마중해 줄까
묵직한 아비 마음 내 키보다 더 쌓이고
다시는 뵐 수 없는 마음 서글픈데
해그림자만 머리 위에서 조용히 따라온다.

제5부 첫 눈꽃 필 때

행복하게 하는 사람
한 계절과 이별 중
나의 모과나무
비의 절규
오늘은 햇살
햇살 좋은 날
비 오는 여름 날
고구마 순의 기쁨
가을 산
가을에게 전하는 이별

닮은 사랑
떨어지는 가을
추풍낙엽
성공한 오징어
잃어버린 당신
첫 눈꽃 필 때
가을과 데이트
연리지 사랑
갈바람은 씨름 중
상사화의 사랑

행복하게 하는 사람

거친 세상에도
바라보면 행복한 사람
가지런한 치아에 배시시 밝게 웃는
당신이 있음에 행복할 수 있어 좋다

싱싱한 초여름
초록으로 물든 세상처럼
설렘 채워주는 사랑하는 애인 같다

생각만 해도 웃음 짓는
가슴의 피가 더 뜨거워지는
함께 하면 행복한 그런 사람이 되고 싶다.

한 계절과 이별 중

곱던 자태 퇴색되면
소슬바람에도 땅에 내려앉는
떨어지는 모습까지도 감미로운 낙엽

마른 바람 소리 황량해도
떠나는 길이 마지막은 아니라고
흙이 되어 다시 나올 새싹을 키우는 회귀

정말 헤어져야 할 시간
사람들이 밟는 행복한 느낌 좋아서
가을 이별을 섞어 여행 보내려 합니다.

나의 모과나무

쓰르라미의 외침
여름 끝에 아쉬움을 달래려
목청껏 세월을 노래한다

바람 한 점 없는 불볕
나의 모과는 무럭무럭 성장하고 있으며
아직도 여름 더위에 살을 찌우고 있다

가을이 오면
예쁜 빛깔로 수놓을 향기
눈으로 맛볼 너의 모습을 기다린다

시간의 벽을 넘어
영근 열매로 보상받기에
지금 성숙한 생명으로 자리매김 중이다.

비의 절규

하늘의 포문 열고
천둥번개 동반한 폭우
더러운 세상 싫어 흙탕물치고 사납게 운다

깨끗한 세상
새롭게 열리길 기대하며
마음을 알 때까지 큰 소리로 계속 두드린다.

오늘은 햇살

연일 계속되는 비
하늘이 제빛을 잃을지 무섭다

오늘은 구름 때를 벗겨
파란 하늘과 흰 구름 몇 점
고운 색깔 찾도록 청소해야지

기분 좋은 날 햇살처럼
우리의 마음이 청결해질 것 같은
투명함으로 싱글벙글 행복하다

먹구름아 비구름아
아주 조금만 친해지고 싶다
초목이 목마르지만 않게 와다오

시작 좋으면 끝도 좋은 하루
활짝 웃어주는 태양처럼
매일 밝은 마음으로 행복 만들어야지.

햇살 좋은 날

모처럼 방긋 웃는 당신
넓은 하늘에 활짝 웃어주니
얼마나 행복한 날이던가

말로 표현할 수 없는 멋진 솜씨
자연의 섭리에 지르는 탄성
열정 뜨겁게 솟아 즐거운 콧노래

따뜻한 마음 온몸으로 받아
광합성으로 생명에 활기를 불어넣고
풍성한 계절을 기다리는 준비운동

햇살 좋은 날 행복 넘치니
노래가 되고 시 되는 우리들의 감성
멋진 하루 힘찬 발걸음 기쁨 가득 넘치는구나.

비 오는 여름 날

무더위가 짜증 난 여름 하늘에
놀러 온 먹구름에 하소연한다
정말 더워서 너무 힘들어

불볕을 식혀줄 소나기 한줄기
헐떡이는 가슴을 시원히 적셔 다오
폭염을 씻어주면 좀 살 수 있을 것 같아

산천초목이 더 싱싱하게
빗물 머금고 활짝 웃는다
촉촉한 시선이 얼마나 사랑스러운가

한여름을 식혀줄 비는
달콤한 임의 손길처럼 부드럽다
더위를 산뜻하게 씻어주며 토닥여 준다.

고구마 순의 기쁨

무성하게 자란 줄기
질펀하게 주저앉아 한 잎씩 꺾으면
벌써 식탁 위의 아삭거리는 맛 일품이네

부드러운 줄기에 영양을 안고
주인님 입맛 돋우는 기쁨
행복한 여정에 차곡차곡 영양 쌓는 고구마 순
비바람 양분 삼아 무럭무럭 자라고 있다

뜨거운 햇살과 거친 세월 낚으며
사람들의 맛난 식탁을 위하여
뜨거운 볕도 기쁨으로 받았다
주렁주렁 매달린 고구마 뿌리
버릴 것 하나 없는 구황 양식 고구마.

가을 산

곱게 물든 마음
고이고이 펼쳐 쏟아내니
이것이 아름다운 금수강산이구나

가을 정취 불타올라
홍엽 절정 이뤄내니
내 꿈도 충전되어 갈 볕에 익어간다

누가 이런 고운 색을 만들까
태양과 비와 바람
대 자연의 섭리를 그 누가 흉내 내랴

붉은 정염 가득 넘치는
풍요로운 황금 들판의 자태
교태 흐르는 만산홍엽의 향연이 곱다.

가을에게 전하는 이별

하얀 눈꽃
예고 없이 찾아와서 미안해

아름다운 옷 벗기도 전에
어서 떠나라고 재촉하는 흰 눈

곱던 단풍은 낙엽을 준비하고
헛기침 한 번에 위태롭게 흔들흔들

심술 난 북풍한설은
벌써 겨울 흉내 갑질하기에 바쁘다.

닮은 사랑

만산홍엽 절정 이룰 때
저녁노을과 사랑의 흥취 빠져 만취한다

곱게 옷을 갈아입는 산
너무 짧은 조우에 아쉽기만 할 것이다

시달린 하루 정리하며
쉼으로 들어갈 때 가슴 벅찬 아름다운 사랑

파란 하늘 닮은 가을 향기
어쩌면 내 안의 꿈과 이렇게 닮았을까!

떨어지는 가을

떨어지는 것은 낙엽
저물어가는 가을이 초라하다

벌써 쫓아내는 심술쟁이
찬바람에 속절없이 잡은 손 뿌리친다

진한 갈색으로
가을의 뒷모습 쓸쓸한 낭만 노래한다

밟힐 때마다 바스락바스락
마른 바람에 떨어지는 가을과 이별 중이다.

추풍낙엽

갈바람에 한 잎 두 잎
잡은 손 뿌리치는 단풍은 낙엽 되고 있다

발밑에 바스락 꿈틀대는 소리
천둥처럼 크게 울려 가슴 두근두근

작은 바람에도 떨어지는 낙엽과
가을 이별곡 또르르 눈물 되어 흐른다

쌓여가는 추풍낙엽 바라보면
미련 함께 보내는 심장 저절로 시가 된다.

성공한 오징어

바다를 주름잡던 시절
총알처럼 날아다녔다

어느 날
거만하게 한눈팔다
그물에 잡혀 육지로 소환당하였다

거취 불명
그럼에 죽어서도
명예롭게 울릉도 오징어로 거듭났다

세상의 일미요 진미
오징어의 반란
최고로 입맛 잡은 멋진 변신 성공.

잃어버린 당신

저 길 끝에서
기다리는 당신은 가을이란 신사

낙엽을 밟으며
휘파람 연가로 블루스 추며
낭만 인생 누렸던 내 임

물든 노을빛에
두근거리는 심장
만산홍엽 아름답게 향기로운 당신

이제 낙엽 되어
세상 품으신 당신의 넓은 가슴
보고 싶은 마음 눈물로 쏟아지고 있다

가을 속으로 들어가
잃어버린 당신 찾아서
내가 지금 추풍낙엽 잔재 안으로 간다.

첫 눈꽃 필 때

가을과
미처 이별 못 한 예쁜 단풍 위에
메밀꽃처럼 청초한 눈꽃이 아름답게 피었다

햇빛 받아 반짝이는 고귀함
천상의 위대함 고결하게 채웠다

사실은 아픈 현상
견딜 수 없는 고통 수반한 비애

가을은
겨울의 실재에 두 손 들고 떠날 것이고
겨울은 그리움 응원하며 살아갈 것이다.

가을과 데이트

대 자연 속은
아버지 품처럼 포근하고
호흡하는 청량감 느낌 따뜻하다

늦가을 정취
우수수 쏟아지는 낙엽에
누구나 시인되어 낭만 노래 부르네

울긋불긋
절정으로 익어 가는 늦가을
아름다운 얼굴 정말 고와 설렌다

감미로운 속삭임
가슴속 깊이까지 울리고
풍족한 추억 담아 주니 행복이다.

연리지 사랑

나무처럼 사계절 맛보며
절기마다 느끼는 소소한 행복

익어가는 갈잎
우수수 떨어지는 낭만에 빠져
한 줌 햇살 따스한 온기는 설렘이었다

억새꽃 날리는 가을
황금처럼 익어 눈부신 정취
은행나무와 한 몸 되어 사랑에 빠졌네

공기의 진한 어미 마음
코끝에 들어오는 강한 생명의 맛
두 개의 육신으로 하나가 된 연리지 사랑.

갈바람은 씨름 중

가을은 떠나기 싫어
나무에 걸터앉아 뭉그적거리고
갈바람은 미련 버리고 가라 등 떠미네

만산홍엽 수놓고 싶은데
마구 흔들며 엎어치기 한판
못다 한 가을 정취 꿈꾸며 데굴데굴 굴러간다

절기는 어김없이 찾아오고
가을과 갈바람은 서로 등 떠밀며 씨름 중
갈 것은 가고 올 것은 다시 새롭다.

상사화의 사랑

보고 싶은 임
절절한 사랑 눈물샘 마르지 않고
땅을 적시니 꽃이 되었구려

외로운 마음 밤새 뒤척이며
애틋한 연정 젖어가는 베갯잇
아 아 사랑은 그리움이로다

파랗게 멍든 가슴
붉은 응어리로 심장을 태워
하늘로 이사 간 당신께 보낸다

지친 눈 꼭 감고
가슴에 쌓인 마음 상사화 되어
꿈속에서라도 당신 품에 안기련다.

〈시선을 저 하늘 끝으로〉 첫 시집 출간을 축하하며

"하나님이 그 지으신 모든 것을 보시니 보시기에 심히 좋았더라"
(창세기 1:31 전)

결실과 단풍으로 일 년을 기쁘게 하는 풍요의 가을을 지나고 서서히 동면을 준비하는 초겨울 좋은 날에, 긴 날의 사색과 감동으로 쓴 시를 모아서 첫 시집을 출간한 마중물 이영숙 시인에게 뜨거운 격려와 축하의 박수를 보냅니다. 성경 창세기의 말씀처럼, 이 시인도, 축사를 쓰는 저도 첫 시집을 보기에 심히 기쁘고 좋습니다.

교회에서 알게 된 이 시인은 저와 같은 인천시 구월동의 보성장로교회(김석종 목사)를 다닙니다. 벌써 15년 정도 되었는데, 처음부터 눈에 띈 분이었습니다. 키는 작고 나이는 가늠할 수 없어도 늘 웃는 얼굴로 활기차고 적극적인 모습을 보였기 때문이었습니다. 나이는 나중에 알았지만, 깜짝 놀랐습니다. 너무 동안이었습니다.

그랬던 모습이 지금까지 거의 변함이 없습니다. 어떤 문제가 있어도, 어떤 고난에 맞닥뜨려도 주님을 믿고 의지하며, 주님 안에서 긍정적이고 밝은 모습으로 살아가는 분입니다. 자신보다는 남을 우선하고 배려하며 돕고 매사에 솔선수범하는 섬김의 봉사가 몸에 밴 크리스천이기에 선한 영향력으로 모두의 박수를 받는 분입니다.

일생의 삶은 결코 순탄하지 않았고, 숱한 질곡의 과정을 거치면서도 자녀 양육과 참된 신앙생활에 최선을 다하고, 지적 장애인 돌보미, 소외계층 봉사를 지금까지도 오랫동안 해 오고 있습니다. 그런

데, 2018년 여름에 이 시인의 SNS 게시 글을 보고서 문학적인 소양에 확인했더니, 놀랍게도 방송통신대학 국문과에 재학 중인, 중년의 문학소녀였던 것이었습니다.

아무리 주님의 은혜라고 하지만, 50대에 공부를 도전한다는 것도 쉽지 않은데, 그만큼 문학도의 꿈과 배움에 대한 의지와 열정이 강했고, 용기가 컸던 것입니다. 박수를 보내지 않을 수가 없었지요. 그래서 청일문학 하반기 신인문학상 공모에 응모할 것을 조심스럽게 제안했더니, 처음에는 부담스러워했지만, 곧 용기를 냈습니다.

그리고, 2018년 하반기 신인문학상 공모에, 시 〈옷을 벗자〉 외 4편을 응모했습니다. 깐깐한 심사를 통과해서 당선되었고, 그해 12월에 등단하여 시인이 되었습니다. 이것은 놀라운 결실이었고, 하나님의 역사를 경험하는 일이었습니다. 추천한 저도 감사한 축복이었습니다. 이후로 꾸준히 시를 쓰면서 자신의 꿈을 키웠습니다.

등단한 지 6년 만에 첫 시집을 발간하게 되었으니, 그 감회가 남다를 수밖에 없습니다. 오랜 잉태 끝에 출산한 엄마의 마음보다 더 설레지 않을까요? 아마도 많은 고민과 용기도 필요했을 것입니다. 시집도 시집이지만, 그 용기에 박수를 보내고 싶습니다. 흔들리지 않고 피는 꽃은 없다고 하지만, 사람도 삶의 굴곡 없이는 제대로 성장 성숙하지 못할 것입니다.

이 시인은 시를 통해서 자신의 굴곡진 삶과 자연을 진솔하게 노래하지만, 창조주 하나님에 대한 감사와 찬양, 자신에 대한 위로와 격려, 꿈을 담은 소중한 결실인 것입니다. 화가가 백지에 그림을 그리듯 울림의 시로 소망을 그렸습니다. 그래서, 모든 사물을 향한 따뜻한 시선과 순수한 감성, 독자에게 전하려는 위로와 공감의 마음을 느낄 수 있습니다.

과거 3년 동안 코로나 때문에 세계가 고난의 터널을 겪었는데, 올해는 시끄러운 국내외 정세와 힘든 경제 사정에도 불구하고, 빈부격차는 더욱 심해졌었습니다. 서민들의 가슴은 멍들고 있습니다. 특히 올해 여름은 유달리 심했던 폭염과 열대야로 더 힘들었고 어두웠습니다. 그랬기에, 그런 것을 잊고자, 선선한 가을 바람과 청명한 하늘, 단풍과 풍요의 수확을 더욱 기다렸습니다.

그런 가을도 잠시, 어느새 추운 겨울에 접어들었습니다. 모든 것을 내려놓고 나목으로 연단의 과정을 통과해야 하는 계절이며, 한해를 되돌아보고 다음 해를 계획해야 하는 시기에 다다랐습니다. 여전히 현실적인 상황은 어렵습니다. 그렇다고 고개를 땅으로 숙이지 말고, 고개를 들고 시선은 하늘로 향했으면 좋겠습니다. 그곳에 빛과 희망과 길이 있기 때문입니다.

역사적으로 시의 기능, 시인의 역할은 세상과 사람에게 중요한 에너지가 되었습니다. 그 어떤 문학예술 장르보다도 공감, 배려, 위로, 격려, 용기, 희망, 사랑, 삶의 힘이었습니다. 지금도 그렇고, 미래도 그럴 것입니다. 시를 쓰는 시인이건, 시를 읽는 독자이건 모두가 '시 가족' 입니다. 시 가족이 행복하려면 시처럼 살면 됩니다.

시인이 시 가족의 가장이고 행복의 마중물입니다. 이 시인의 아호처럼, 모두가 작은 마중물이 되었으면 좋겠습니다. '지금, 있는 곳에서, 나부터' 작은 꽃씨 하나를 심고, 다른 분들도 심으면, 언젠가는 주위가 온통 꽃밭이 되지 않겠습니까? 사람의 마음에 작은 꽃씨를

심는 자세로 가슴의 소망을 나눴으면 좋겠습니다.

아무리 추운 겨울도 봄에게 밀려나지만, 겨울은 봄을 위한 축복의 통로입니다. 겨울이 없다면, 봄의 가치를 모를 것입니다. 시련은 인내를 낳고, 인내는 연단을, 연단은 소망을 이루듯이, 모든 고난은 열매와 존재의 가치와 생명의 성숙을 위한 거룩한 과정입니다. 그렇기에 항상 '감사' 뿐입니다. 그런 과정을 거쳐서, 마침내 작은 열매이자 성숙의 산물인 시집을 출간하여 자신과 주변에 새봄의 소망을 전하는 이 시인에게 감사와 응원의 박수를 보냅니다.

다시 한번 이영숙 시인의 첫 시집 〈시선을 하늘 끝으로〉 출간을 진심으로 축하드리며, 앞으로도 하나님께서 주신 달란트를 적극 사용하여, 주위와 사회에 선한 영향력을 미쳐서 세상을 정화하고, 사람의 마음을 만져서 잿빛 생명을 살리는데 크게 기여하는 시인이 되길 기대하며, 주님의 이름으로 축복합니다. 감사합니다.

"모든 성경은 하나님의 감동으로 된 것으로 교훈과 책망과 바르게 함과 의로 교육하기에 유익하니 이는 하나님의 사람으로 온전케 하며 모든 선한 일을 행하기에 온전케 하려 함이니라. (디모데후서 3:16-17)

현곡 이근갑
청일문학문인협회 부회장 시인

시선을 저 하늘 끝으로

발행인 / 이재천
지은이 / 이영숙
주　필 / 정영란
편집주간 / 조동원
발행출판사 / 도서출판 청일
발행일 / 2024년 12월 6일
출판등록 / 251002021000015
주소 / 강원도 횡성군 청일면 속실길 383-11
전화 / 010-5678-9211
홈페이지 / http://www.spoem.kr
전자우편 / spoem@hanmail.net
ISBN / 979-11-92232-12-6(03810)

이 책의 판권은 도서출판 청일에 있습니다.
도서출판 청일의 허락 없이는 어떠한 형태로도
이 책의 전부, 또는 일부를 이용할 수 없습니다.
잘못된 책은 바꾸어 드립니다.

〈이 책은 한국예술인복지재단의 선진예술인 자금
지원 받아 제작되었습니다.〉